BEI GRIN MACHT SICH IHR WISSEN BEZAHLT

- Wir veröffentlichen Ihre Hausarbeit,
  Bachelor- und Masterarbeit

- Ihr eigenes eBook und Buch -
  weltweit in allen wichtigen Shops

- Verdienen Sie an jedem Verkauf

Jetzt bei www.GRIN.com hochladen und kostenlos publizieren

Bibliografische Information der Deutschen Nationalbibliothek:

Die Deutsche Bibliothek verzeichnet diese Publikation in der Deutschen National-
bibliografie; detaillierte bibliografische Daten sind im Internet über http://dnb.d-
nb.de/ abrufbar.

Impressum:

Copyright © 2017 GRIN Verlag
Druck und Bindung: Books on Demand GmbH, Norderstedt Germany
ISBN: 9783668886469

Dieses Buch bei GRIN:

https://www.grin.com/document/456088

Nathalie Philipp

Trainingsplan bei Verspannungen im Nackenbereich

Mit Dehnübungen für die Wirbelsäule und die Extremitäten

GRIN Verlag

GRIN - Your knowledge has value

Der GRIN Verlag publiziert seit 1998 wissenschaftliche Arbeiten von Studenten, Hochschullehrern und anderen Akademikern als eBook und gedrucktes Buch. Die Verlagswebsite www.grin.com ist die ideale Plattform zur Veröffentlichung von Hausarbeiten, Abschlussarbeiten, wissenschaftlichen Aufsätzen, Dissertationen und Fachbüchern.

Besuchen Sie uns im Internet:

http://www.grin.com/

http://www.facebook.com/grincom

http://www.twitter.com/grin_com

Deutsche Hochschule für

Prävention und Gesundheitsmanagement

Einsendeaufgabe

Name, Vorname: Philipp, Nathalie

Studienort: **München**

1 Datensammlung zur Testperson

1.1 Allgemeine Daten des Probanden

Tabelle 1: Allgemeine Daten

Alter	31 Jahre
Geschlecht	männlich
Größe	176 cm
Gewicht	81 Kg
Trainingsmotive	- allgemein fitter und entspannter sein - möchte nicht mehr so schnell erschöpft sein bei einfachen Tätigkeiten wie Treppen steigen - möchte seine Verspannungen mindern
Berufliche Tätigkeit	Vertrieb im Innen- und Außendienst, überwiegend sitzende Arbeit
Aktuelle sportliche Tätigkeiten	Leichtes Spazierengehen am Wochenende
Frühere sportliche Tätigkeiten	- Zwei Jahre jeden Tag mit dem Fahrrad in die Arbeit gefahren, 35 bis 40 Kilometer pro Tag, Intensität mittel bis schwer (ca. ein Jahr her) - Drei Jahre zwei bis drei mal die Woche ins Fitnessstudio, Krafttraining mit einer Intensität mittel bis schwer (ca. ein Jahr her)
Zeitlicher Verfügbarkeit	Nicht mehr als 20 Minuten pro Tag, am besten nach dem Aufstehen oder Abends

Die Testperson beschwert sich über Verspannungen im Nackenbereich und im unteren Rückenbereich. Ansonsten hat sie keine orthopädische oder internistische Probleme, ebenso wenig ist sie in ärztlicher Behandlung oder nimmt regelmäßig Medikamente. Gesundheitliche Einschränkungen gibt es in diesem Fall nicht.

1.2 Belastbarkeit bzw. Trainierbarkeit der Testperson

Bei einem Eingangsgespräch erzählt die Testperson, dass sie nach einem Jobwechsel die regelmäßige Bewegung, die sie im Alltag einbaute, vernachlässigt habe. Die Verspannungen traten erst bei der neuen Arbeitsstelle auf. Durch die frühere regelmäßige Sportbelastung kennt der Proband sich mit bestimmten Bewegungsabläufen bereits aus. Aufgrund der langen Pause wird die Belastung Anfangs leicht gewählt, jedoch recht schnell gesteigert, damit der Proband schnell auf sein früheres Level zurück kehrt.

2 Beweglichkeitstestung

Folgende Tabelle beschreibt die Testung zur Beweglichkeit des Kunden. Als Testverfahren wurde eine vereinfachte Form der Muskelfunktionsdiagnostik nach Janda (2000, zitiert nach Eifler, 2017) gewählt.

Tabelle 2: Beweglichkeitstestung des Probanden

Getestete Muskulatur	Beschriebene Test-ausführung	Richtwerte	Erreichte Stufe
M. pectoralis Major	Der zu Testende liegt auf einer Liege mit aufgestellten Beinen, damit sein Becken gerade ist und sein Rücken stabilisiert wird. Das Schulterge-lenk, der Seite die getestet wird, befindet sich in einer Abduktion und Außenrotation und das Ellbogenge-lenk in einem 90°-Winkel. Die Position des Oberarms wird bewertet.	Stufe 0= Oberarm er reicht Horizontale Stufe 1= Oberarm erreicht Horizontale mit leichtem Druck des Testers Stufe 2= Oberarm erreicht Horizontale nicht, auch nicht mit Druck des Testers	Rechts: Stufe 0 Links: Stufe 0
M. iliopsoas	Der zu Testende liegt so auf der Liege, dass das Gesäß mit dem Ende der Liege ab-schließt. Das nicht getestete Bein kann auf einem beigestell-ten Stuhl abgestellt werden, damit Becken und Lendenwirbelsäu-le stabilisiert werden. Das Testbein ist im Überhang. Der Hüft-beugewinkel, also die Position des Ober-schenkel wird bewer-tet.	Stufe 0= Oberschen-kel erreicht Horizonta-le Stufe 1= Oberschen-kel erreicht Horizonta-le mit leichtem Druck des Testers Stufe 2= Oberschen-kel erreicht Horizonta-le nicht, auch nicht mit Druck des Testers	Rechts: Stufe 0 Links: Stufe 1
M. rectus femoris	Der zu Testende liegt so auf der Liege, dass das Gesäß mit dem Ende der Liege ab-schließt. Das nicht getestete Bein kann auf einem beigestell-ten Stuhl abgestellt werden, damit Becken und Lendenwirbelsäu-le stabilisiert werden. Das Testbein ist im Überhang. Der Pro-band beugt sein Knie des Testbeins maxi-mal. Der Winkel zwi-schen Oberschenkel und Unterschenkel wird bewertet.	Stufe 0= Unterschen-kel hängt senkrecht (mind. 90° im Kniege-lenk) Stufe 1= Proband erreicht 90° im Knie-gelenk mit leichtem Druck des Testers Stufe 2= Proband erreicht keine 90° im Kniegelenk, auch mit Druck des Testers	Rechts: Stufe 0 Links: Stufe 0
Mm. ischiocruales	Der zu Testende liegt auf einer Liege. Das	Stufe 0= Hüftflexion mit gestrecktem Bein	Rechts: Stufe 2

	nicht getestete Bein wird aufgestellt, damit das Becken gerade ist und der Rücken stabilisiert wird. Das getestete Bein wird gestreckt. Der Tester führt das Bein in die maximale Hüftflexion, die beurteilt wird.	mit 90° im Hüftgelenk möglich Stufe 1= Hüftflexion mit gestrecktem Bein zwischen 80° und 90° im Hüftgelenk möglich Stufe 2= Hüftflexion mit gestrecktem Bein unter 80° im Hüftgelenk möglich	Links: Stufe 2
M. triceps surae	Der zu Testende liegt auf einer Liege. Das nicht getestete Bein wird aufgestellt, damit das Becken gerade ist und der Rücken stabilisiert wird. Das getestete Bein wird gestreckt. Der Tester greift den Fuß des Probanden von der Außenkante und mit der anderen Hand die Ferse. Durch leichten Zug führt der Tester die Ferse distalwärts. Mit der anderen Hand wird mit dem Daumen an der Außenseite des Fußes leichten druck ausgeübt, damit der Vorfuß Richtung Schienbein gelenkt wird. Die Position des Fußes wird bewertet.	Stufe 0= Dorsalextension bis 0° möglich Stufe 1= Dorsalextension möglich, aber unter 0° Stufe 2= Dorsalextension nur bis 10° möglich	Rechts: Stufe 2 Links: Stufe 2

Der Proband hat bei der Testung der Mm. ischiocruales und des M. triceps surae links und rechts die Stufe 2 erhalten. Das bedeutet, dass er in diesen Bereichen erhebliche Defizite der Beweglichkeit aufweist, die mit einem Beweglichkeitstraining vermindert werden sollen. Ebenso Defizite in der Beweglichkeit hat die Testperson links als der M. iliopsoas getestet wurde. Gut beweglich , also mit Stufe 0 bewertet, war der M. pectoralis major, der M. rectus femoris und der rechte Teil des M. iliopsoas.

3 Planung des Beweglichkeitstrainings

Das Dehntraining des Probanden enthält alle wichtigen Muskel-Gelenk-Systeme, also Schultergürtel mit oberer Extremitäten, Wirbelsäule und Beckengürtel mit unteren Extremitäten. Der Hauptfaktor wird jedoch auf die Bereiche gesetzt, indem die Testperson die erheblichen Defizite hat (Mm. ischiocruael und M. triceps surae).

Angefangen wird mit den unteren Extremitäten.

3.1 Dehnübungen der unterer Extremitäten

1. Dehnung des M. gastrocnemius und des M. soleus im Stehen. Die Ausgangsposition ist ein gerader Stand. Ein Fuß wird nach hinten gestellt. Beide Fußsohlen liegen flach auf dem Boden und die Zehen schauen parallel nach vorne. Der Oberkörper wird leicht nach vorne gebeugt und bildet mit dem hinteren Bein eine Linie. Die Dehnposition wird eingenommen, indem das vordere Bein gebeugt wird und die Dorsalextension im hinteren Bein vergrößert wird.

→ zwei mal jede Seite für je 30 Sekunden

→ Ausführung aktiv statisch

2. Dehnung des M. soleus im Stehen. Die Ausgangsposition ist ein gerader Stand. Ein Fuß wird mit einer Dorsalextension gegen eine Wand gestellt, wobei der Fußballen leichten Druck gegen die Wand ausübt und das Bein leicht gebeugt ist. Der Oberkörper bildet mit dem hinteren gestreckten Bein eine Linie. Durch leichtes vorbeugen des Oberkörpers wird die Dorsalextension vergrößert und die Dehnung sollte zu spüren sein.

→ zwei mal jede Seite für je 30 Sekunden

→ Ausführung passiv statisch

3. Dehnung des M. quadriceps femoris im Stehen. Die Ausgangsposition ist ein gerader Stand. Mit einer Hand wird das gebeugte Bein auf der gleichen Seite am Unterschenkel, kurz über den Sprunggelenk gefasst. Die Knie haben die gleiche Höhe. Indem das Schambein Richtung Schlüsselbein gezogen wird, wird die Dehnposition eingenommen. Abwechselnd wird gedehnt und wieder gelöst.

→ zwei mal jede Seite für je 20 Sekunden

→ Ausführung aktiv dynamisch

4.   Dehnung des M. biceps femoris, M. semitendinosus und des M. semimembrano-
sus im Stehen. Die Ausgangsposition ist ein gerade Stand. Ein Bein wird gestreckt nach
vorne gestellt, das hintere ist leicht gebeugt. Die Dehnposition wird eingenommen indem der Oberkörper nach vorne gebeugt wird und das Becken gekippt wird.

→ zwei mal jede Seite für je 30 Sekunden

→ Ausführung aktiv statisch

5.   Dehnung Dehnung des M. biceps femoris, M. semitendinosus und des M. se-
mimembranosus im Liegen. Ein Bein wird gebeugt aufgestellt und das andere wird gebeugt oberhalb vom Kniegelenk gefasst und leicht zum Oberkörper herangezogen.
Durch strecken des angezogenen Beins wird die Oberschenkelrückseite gedehnt.

→ zwei mal jede Seite für je 30 Sekunden

→ Ausführung aktiv statisch

3.2 Dehnübungen der oberen Extremitäten

6.   Dehnung des M. pectoralis major, M. biceps brachii und des M. deltoideus pars
clavicularis im Stehen. Ausgangspunkt ein ein gerader Stand. Die Hände werden hinter
dem Rücken zusammengelegt, sodass die Handfläche nach hinten zeigen. Durch das
hochziehen der gestreckten Arme kommt es zu der Dehnung. Die Schultern bleiben tief
und der Oberkörper gerade. Zuerst wird eine leichte Dehnung eingenommen. Darauf
folgt eine achtsekündige Kontraktion in der Zielmuskulatur. Nach einer zweisekündigen
Entspannung folgt die Dehnposition, diesmal mit einem deutlich spürbaren Reiz.

→ Zwei Durchführung

→ Dehnpositionen werden für je 10 Sekunden gehalten

→ Ausführung aktiv postisometrisch

7.   Dehnung des M. triceps brachii im Stehen. Der zu dehnende Arm ist im Ellbo-
gengelenk maximal gebeugt und die Handfläche des gleichen Armes liegt zwischen den
Schulterblättern ab. Die Dehnposition wird eingenommen indem die andere Hand den
angewinkelten Ellbogen Richtung Körpermitte zieht. Der Kopf und der Blick bleiben
gerade.

→ zwei mal jede Seite für je 30 Sekunden

→ Ausführung passiv statisch

8. Dehnung des M. deltiodeus pars spinata, M. trapezius pars transversa und des M. rhomboidei im Stehen. Angefangen wird mit einem geraden Stand. Ein Arm wird leicht gebeugt vor der Brust fixiert. Für die Dehnung schiebt die Hand des anderen Arms den gebeugten Ellbogen zum Körper hin. Abwechselnd wird der Druck gelöst und der Ellbogen wieder herangeschoben.

→ zwei mal jede Seite für je 30 Sekunden

→ Ausführung passiv dynamisch

3.3 Dehnübungen für die Wirbelsäule

9. Dehnung des M. latissimus dorsi, M. obliquus externus abdominis und des M. obliquus internus abdominis im hüftbreiten Stand. Die Hände werden über den Kopf zusammengelegt und die Arme gestreckt. Gedehnt wird hier indem der Oberkörper maximal zur Seite gebeugt wird während das Becken gerade bleibt.

→ zwei mal jede Seite für je 20 Sekunden

→ Ausführung aktiv statisch

10. Dehnung der Mm. erector spinae im Vierfüßlerstand. Die Dehnung startet indem der Bauch aktiv angespannt wird und der Rücken rund gemacht wird. Abwechselnd wird die Spannung im Bauch gelöst und wieder angespannt. Bei der Lockerungsphase wird die Wirbelsäule nach unten gestreckt und danach wieder nach oben gewölbt.

→ zwei mal für 20 Sekunden

→ Ausführung aktiv dynamisch

Bei allen Dehnübungen (abgesehen von der postisometrischen Methode) wird für den Probanden eine Intensität gewählt mit einem deutlich spürbaren Dehnreiz. Die Intensität wird nach drei Wochen oder wenn der Proband nicht mehr so viel spürt erhöht, denn „die Aktivität der Muskelspindel steigt bei zunehmender Dehnungsintensität" (Boeck-Behrens & Buskier, 2009, S. 194).

Zwischen den Sätzen wird eine Pause von 20 Sekunden eingehalten, somit ist die Gesamtdauer des Trainings ca. 21 Minuten und dem Verfügungsrahmen des Kunden angepasst. Das Langzeitdehnprogramm soll regelmäßig alle zwei Tage durchgeführt werden.

„Die Effekte von Langzeitdehnprogrammen stellen in der Regel stabile, erwünschte Trainingsanpassungen dar" (Boeck-Behrens & Buskier, 2009, S. 195).

Durch das viele Sitzen in der Arbeit hat der Proband vermutlich die Einschränkungen in den Mm. ischicurales und Mm. triceps surae, weswegen bei den Dehnübungen jeweils zwei Übungen für diese Muskulatur gewählt wurde. Obwohl die anderen Muskeln keine oder geringe Defizite in der Beweglichkeitstestung aufwiesen werden sie im Training einbezogen, weil Dehnen „die Entspannungsfähigkeit des Muskels" (Lauchbach & Rühl, 2015, S.174) erhöht. „Dies trägt dazu bei, dass der Teilnehmer insgesamt sowohl psychisch auch physisch besser entspannen kann" (Lauchbach & Rühl, 2015, S.174).

4 Planung des Koordinationstrainings

„Für gewöhnlich wird das Gleichgewichtstraining mittels Reduzierung der Standbreite, Verschiebung des Körperschwerpunkts, Destabilisierung der Unterstützungsfläche, Modifikation des sensoriellen Inputs (z. B. Augen schließen) und Reduktion der Haltehilfe durch Hände und Arme realisiert" (Gschwind, Bridenbaugh & Kressig, 2013, S. 403) weswegen Folgende Übungen für das Koordinationstraining ausgesucht wurden. Bei der Übungsauswahl wurde darauf geachtet, dass sie systematisch aufeinander aufbauen und die einfacheren Übungen zuerst dran genommen werden.

1.   Einbeinstand mit vorgebeugtem Oberkörper: Ausgangsposition ist hier ein stabiler Stand. Ein Bein wird gestreckt nach hinten angehoben. Oberkörper und hinteres Bein bilden eine Linie und der Rücken behält seine physiologische Lage bei. Der Kunde beugt sich nur so weit vor, dass er noch einen sicheren Stand hat oder bis er keine richtige Haltung mehr einnehmen kann.

→ zwei Sätze auf jeder Seite

→ Halten der Übung für 20 Sekunden

2.   Breiter Stand mit einem Gymnastikball in den Händen: Die Ausgangsposition ist ein mehr als hüftbreiter Stand, mit leicht gebeugten Kniegelenken. Gewichtsverlagerung ist gleichmäßig auf die Füße verteilt. Mit dem Gymnastikball zwischen den Händen rotiert die Person so weit, dass die Hüfte noch stabil ist und es zu keiner Ausweichbewegung kommt.

→ zwei Sätze auf jeder Seite

→ Halten der Übung für je 15 Sekunden

3.   Stehen auf dem Balance Board: Um auf das Balance Board zu steigen, kann die Testperson sich gegen eine Wand oder ähnliches abstützen. Auf dem Balance Board ist die Fußbelastung an allen Stellen gleich. Es ist darauf zu achten, dass der Proband einen geraden Stand hat und mit dem Oberkörper stabil bleibt.

→ zwei Sätze

→ Halten der Übung für 20 Sekunden

4.   Einbeinstand mit befestigtem Thera-Band: In der Ausgangsposition im geraden Stand wird das Thera-Band um beide Füße gelegt. Mit einer Flexion im Hüftgelenk und einer Flexion im Kniegelenk wird das Band auf Spannung gebracht.

→ zwei Sätze auf jeder Seite

→ Halten der Übung für je 10 Sekunden

5.   Unterarmstütze auf dem Gymnastikball: Die Unterarme werden auf den Gymnastikball fixiert, während die Füße weit nach hinten gestellt werden. Belastung ist hier auf dem Fußball. Die Testperson geht so weit nach hinten mit den Füßen, damit er sich noch sicher mit dieser Übung fühlt, jedoch eine Belastung spürt. Der Rücken bleibt stabil und gerade.

→ drei Sätze

→ Halten der Übung für 15 Sekunden

6.   Stand auf den Zehenspitzen und prellen eines Basketballs: Der Proband stellt sich Anfangs mehr als hüftbreit hin und verlagert sein Gewicht auf die Fußballen. Mit maximal hochgezogenen Fersen beginnt die Übung. Die Person bekommt einen Basketball in die Hand, die er gegen den Boden prellt. Die Herausforderung ist hier auf den Zehenspitzen zu bleiben und den Ball immer wieder auf einen Punkt zu schlagen ohne ihn festzuhalten. Der Punkt ist mit einem Kreuz aus farbigen Tesafilm auf dem Boden geklebt.

→ drei Sätze

→ Durchführung der Übung für 15 Sekunden

7.   Sitzen auf einem Gymnastikball: Die Testperson setzt sich gerade auf einen Gymnastikball und hebt die Füße vom Boden um die Übung auszuführen. Der Rücken soll die gesamte Zeit gerade sein, während das Gleichgewicht gehalten wird.

→ zwei Sätze

→ Durchführung der Übung für 20 Sekunden

8. Seitlicher Unterarmstütze mit abgespreizten Bein: Die Ausgangsposition ist hier seitlich auf dem Boden. Die Füße liegen übereinander. Der Oberkörper wird mit der Stütze des Unterarms nach oben gehoben. Der 90° gebeugte Ellbogen befindet sich direkt unter der Schulter. Der Oberkörper und die Beine bilden eine Linie. Der Arm, der nicht stützt kann in die Hüfte genommen werden. Die Übung beginnt wenn das obere liegende Bein maximal in die Abduktion kommt.

→ zwei Sätze auf jeder Seite

→ Halten der Übung für je 15 Sekunden

9. Liegestützposition mit gestrecktem Bein auf dem Balance Board: Es wird eine Liegestützposition auf dem Balance Board eingenommen mit leicht angewinkelten Ellbogengelenke. Während der Übung wird ein Bein gestreckt nach oben gezogen.

→ zwei Sätze auf jeder Seite

→ Halten der Übung für 10 Sekunden

10. Unterarmstütze mit einem gestrecktem Arm: Ausgangspunkt ist hier die Unterarmstütze. Es wird darauf geachtet, dass der Proband während der Übung einen gerade Rücken beibehält. Für die Ausführung wird ein Arm neben den Kopf vorgestreckt während der Rumpf und der Beckengürtel stabil bleibt.

→ zwei Sätze auf jeder Seite

→ Halten der Übung für je 10 Sekunden

Das Gleichgewichtstraining soll zwei mal die Woche durchgeführt werden. Jedoch nicht vor dem Dehntraining, denn „intensive Dehnübungen unmittelbar nach sportlichen Belastungen können Muskelkater provozieren" (Hottenrott, Hoos, Stoll & Blazek, 2013, S.482). Es wurden Übungen ausgesucht, die ein intensives Belastungsgefüge darstellen. Mit 30 Sekunden Pause zwischen den Sätzen kommt die Testperson hier auf eine Gesamtdauer von ca. 14 Minuten.

Die Intensität des Koordinationstraining lässt sich steigern indem von leichten zu schwierigen Übungen gewechselt wird, von stabilen zu instabilen Unterlagen, von großer Auflagefläche zu kleinerer Auflagefläche (z.B. Einbandstand), von langsamen zu schnellen Ausführungen und von symmetrischen zu asymmetrischen Bewegungen (nach Kempf, 2014, S.397). In diesem Programm wurden Gymnastikball, Basketball, Thera-

Band und Balance Board als Hilfsmittel hinzugefügt um das Training intensiv zu gestalten.

5 Literaturrecherche zum Thema „Effekte des Dehnens im Hinblick auf eine Verbesserung der sportlichen Leistungsfähigkeit"

5.1 Erste Studie zu „Effekte des Dehnens im Hinblick auf eine Verbesserung der sportlichen Leistungsfähigkeit"

Tabelle 3: erste wissenschaftliche Studie

Name der Studie:	Die Auswirkungen von Dehn- und Aufwärmübungen auf die Vertikalsprungkraft
In welchem Jahr wurde die Studie publiziert?	Im Jahr 1994
Wer hat die Studie durchgeführt?	Hennig, E. M., & Podzielny, S
Mit welchen Versuchspersonen wurde die Studie durchgeführt?	An der Studie nahmen 29 Sportstudenten und 17 Leichtathleten teil. Alle waren männlich. Durchschnittsgröße lag bei 183,3 cm, Durchschnittsgewicht bei 76,0 Kg und Durchschnittsalter bei 24,9 Jahren.
Wie sah der Versuchsaufbau aus?	An einem Tag wurde die Vertikalsprungkraft mithilfe einer Kraftmessplattform gemessen, einmal als die Teilnehmer unaufgewärmt waren, dann im gedehnten Zustand und im Anschluss noch einmal als sie sich Zehn Minuten warmgelaufen haben. An einem anderen Tag wurde die Vertikalsprungkraft gemessen, noch einmal im unaufgewärmten Zustand, dann nach einem zehnminütigen Warmlaufen und daraufhin noch einmal nachdem sie sich gedehnt hatten.
Welche Relevante Ergebnisse und Schlussfolgerungen liefert die Studie?	Egal ob vor dem Warmlaufen gedehnt wurde oder nicht, bewirkt das Aufwärmen eine bessere Sprungkraft als im unaufgewärmten Zustand. Die Probanden schaffen in diesen Zuständen eine Verbesserung der Sprunghöhe um mehr als 6% (Gegenüber der Bewertung im unaufgewärmten Zustand). Die Dehnübungen jedoch wirken sich negativ auf die Sprungkraft aus. Nach dem Dehnen im aufgewärmten Zustand sind es etwa 4% weniger als vor dem Dehnen.

5.2 Zweit Studie zu „Effekte des Dehnens im Hinblick auf eine Verbesserung der sportlichen Leistungsfähigkeit"

Tabelle 4: zweite wissenschaftliche Studie

Name der Studie:	Veränderung der Reaktionszeit und Explosivkraftentfaltung nach einem passiven Stretchingprogramm und 10minütigem Aufwärmen
In welchem Jahr wurde die Studie publiziert?	Im Jahr 1997
Wer hat die Studie durchgeführt?	Rosenbaum, D., & Hennig, E. M.
Mit welchen Versuchspersonen wurde die Studie durchgeführt?	An der Studie nahmen 55 Sportstudenten Teil, die alle männlich waren. Durchschnittsgröße lag bei 181,9 cm, Durchschnittsgewicht bei 76,2 Kg und Durchschnittsalter bei 25,3 Jahren.
Wie sah der Versuchsaufbau aus?	Mit einer mechanischen Vorrichtung wurden während einer explosiv ausgeführten Plantarflexion des rechten Fußes die Reaktionszeit, Kraftentfaltung und Muskelaktivität gemessen. Die Daten wurden im unaufgewärmten Zustand, nach einem Dehnprogramm (Zwei passive Dehnübungen, jeweils drei Sätze à 30 Sekunden) und nach einem zehnminütigen Aufwärmprogramm (langsames Gehen auf einem Laufband) erhoben.
Welche Relevante Ergebnisse und Schlussfolgerungen liefert die Studie?	Die Reaktionszeit veränderte sich nach den Dehnen zum unaufgewärmten Zustand kaum. Jedoch nach dem Aufwärmen verbesserte sich diese um Sechs ms. Der Krafteinsatz „fiel nach dem Stretching geringfügig ab, stieg nach dem Warmlaufen aber hochsignifikant um 15% an". Eindeutig beeinflusst das Aufwärmen die Reaktionszeit und den Krafteinsatz positiv. Das passive Dehnen bevor einer sportlichen Aktivität führt zur keiner Leistungssteigerung.

6   Literaturverzeichnis

Boeck-Behrens, W.-U. & Buskier, W. (2009). *Fitness- Gesundheitstraining. Die besten Übungen und Programme für das ganze Leben.* Hamburg: Rowohlt Taschen buch.

Eifler C. (2017). *Studienbrief Trainingslehre III – Gesundheitsorientiertes Beweglich keits- und Koordinationstraining* (Rev. 17.019.000). Saarbrücken: Deutsche Hochschule für Prävention und Gesundheitsmanagement.

Hennig, E. M., & Podzielny, S. (1994). Die Auswirkungen von Dehn- und Aufwärm übungen auf die Vertikalsprungleistung. *Deutsche Zeitschrift für Sportmedizin, 45*(6), 253-260.

Hottenrott, K., Hoos, O., Stoll, O. & Blazek, I. (2013). Sportmotorische Fähigkeiten und sportliche Leistungen – Trainingswissenschaft. In A. Güllich & M. Krüger (Hrsg.), *Sport* (S. 440-501). Heidelberg: Springer Berlin

Kempf H.-D. (2014) Stabilisationstrainer und andere instabile Unterlagen. In H.-D. Kempf (Hrsg.), *Funktionelles Training mit Handund Kleingeräten* (S.395-426). Heidelberg: Springer Berlin

Lauchbach, V. & Rühl, J. (2015). *Funktionelles Zirkeltraining. Das moderne Sensomo toriktraining für alle.* (4. Auflage). Aachen: Meyer & Meyer.

Rosenbaum, D., & Hennig, E. M. (1997). Veränderung der Reaktionszeit und Explosiv kraftentfaltung nach einem passiven Stretchingprogramm und 10minütigem Auf wärmen. *Deutsche Zeitschrift für Sportmedizin, 48*(3), 95-99.

Gschwind, Y.J., Bridenbaugh, S.A., Kressig, R.W. (2013). Sturz im Alter. In G. Pinter , R. Likar, W. Schippinger, H. Janig, O. Kada & K. Cernic (Hrsg.), *Geriatrische Notfallversorgung* (S. 393-409). Wien: Springer

7 Tabellenverzeichnis